1 | Kunstmuseum

Mo, Mi–So 11–17 Uhr, letzter Do im Monat 11–21 Uhr

Zum 400-jährigen Jubiläum der Philipps-Universität wurde 1927 das Museum für Bildende Kunst eröffnet. Hinter der neoklassizistischen Fassade des Gebäudes befindet sich eine beeindruckende Sammlung von Gemälden, Grafiken und Skulpturen von 1500 bis zur Gegenwart, mit dem Schwerpunkt deutsche Malerei des 20. Jahrhunderts. Das Museum besitzt Werke großer Künstler wie Carl von Spitzweg, Ernst Ludwig Kirchner, Alexej von Jawlensky oder Lovis Corinth. Ein weiterer Sammlungsschwerpunkt des Museums sind Werke Marburger Künstler wie Carl Bantzer, Otto Ubbelohde (siehe S. 13) sowie der Willingshäuser Malerkolonie. Trotz nationalsozialistischer Kulturpolitik und Fahndung nach »entarteter« Kunst blieb ein Teil der Sammlung moderner Kunst erhalten. In der Sammlung der Marburger Unternehmerin Hilde Eitel (1915–2010) ist die internationale Avantgarde von 1945 bis in die 1970er Jahre vertreten. Seit der 2018 abgeschlossenen denkmalgerechten Sanierung ist das elegante Raumprogramm der Gründungsphase wieder erlebbar.

Die **Willingshäuser Malerkolonie**, die älteste Künstlervereinigung in Europa, wurde 1824 durch den Offizier und Maler Gerhardt Wilhelm von Reutern und den Kasseler Kunstprofessor Ludwig Emil Grimm rund 40 Kilometer östlich von Marburg gegründet. Mitte des 19. Jahrhunderts entwickelte sich v. a. durch die Übersiedlung von Ludwig Knaus, einem Hauptvertreter der Düsseldorfer Malerschule, die Künstlerkolonie zu einem international bekannten Studienort. Um 1900 gehörten Otto Ubbelohde und Carl Bantzer, dessen Hauptwerke heute in Marburg zu sehen sind, zu den bedeutendsten Willingshäuser Künstlern.

1

2 | Erwin-Piscator-Haus

Die multifunktionale und mit modernster Technik aus-
gestattete Stadthalle ist ein urbanes Zentrum mit offe-
ner Architektur, Transparenz und Vielfalt unter einem
Dach. Der große Saal mit ca. 1000 Sitzplätzen, abnehm-
barem Parkett und fahrbarem Rang ermöglicht durch
seine Variabilität Veranstaltungen von Konzerten über
Musicals bis zu Comedy. Aber auch Konferenzen, Messen,
Empfänge und Feiern können in den funktional abtrenn-
baren Räumen auf drei Etagen ausgerichtet werden.

Das Erwin-Piscator-Haus greift Elemente des benachbarten Audimax und des Verwaltungsgebäudes der
Universität auf, womit es perfekt mit seinem Umfeld
harmoniert. Das metalleingekleidete Dach aus bron-
zefarbigem Blech ist das neue, weit sichtbare Erken-
nungsmerkmal des Hauses. Die nach dem Marburger
Theaterregisseur Erwin Piscator (1893–1966) benann-
te Stadthalle beherbergt neben einer Spielstätte des
Hessischen Landestheaters auch das soziokulturelle
Zentrum »Kulturladen KFZ«, ein Restaurant sowie mehrere Klassenräume und die Cafeteria der benachbarten
Martin-Luther-Schule.

3 | St. Peter und Paul

Das katholische Gotteshaus St. Peter und Paul zwischen Erwin-Piscator-Haus und Hörsaal der Universität ist eine kubusförmige Betonkirche mit freistehendem Glockenturm. Durch den Zuzug von Vertriebenen nach dem Zweiten Weltkrieg war die Zahl der Katholiken in Marburg auf 20 000 angestiegen, sodass ein lange geplanter Kirchenneubau nun endlich umgesetzt werden musste. Nach dem Spatenstich 1957 fand 1959 die Kirchweihe statt.

Markant und weit sichtbar ist der 42 Meter hohe Glockenturm. Freistehend wie ein italienischer Campanile sind zwei seiner Außenseiten mit rotem Buntsandstein verkleidet. Ein pfeilergestütztes Vordach verbindet den Turm mit dem Kirchenschiff. Die Fassade des Kubus wird von Beton und Glas dominiert.

Eine sieben Meter hohe Bronzeplastik des auferstandenen Christus beherrscht den Chorraum im Inneren. Die tonnenschwere Figur scheint über dem Altar zu schweben. Bemerkenswert ist der Kreuzweg mit der Szene einer Armenspeisung durch die Hl. Elisabeth. Zum Gedenken an den Jesuitenpater Rupert Mayer, Leitfigur des katholischen Widerstandes gegen den Nationalsozialismus, gibt es einen Altar an der Südseite.

Margot Käßmann
Geb. 1958, Theologin. Bei
Marburg geboren, besuch-
te Käßmann die Elisabeth-
schule. Ihr Studium der
evangelischen Theologie
absolvierte sie 1977–1983
u. a. in Marburg. Nach der
Ordination zur Pfarrerin
1985 promovierte sie
und lehrte u. a. an der
Marburger Universität.
Käßmann bekleidete
wichtige Kirchenämter,
u. a. war sie Generalse-
kretärin des Deutschen
Evangelischen Kirchenta-
ges, Landesbischöfin der
Evangelisch-lutherischen
Landeskirche Hannovers
sowie bis 2010 Ratsvorsit-
zende der Evangelischen
Kirche in Deutschland.
2012–2017 war Käßmann
»Lutherbotschafterin« für
das Reformationsjubilä-
um 2017.

4 | Alter Botanischer Garten

Am Fuße des Schlossbergs befindet sich am Pilgrimstein
der Alte Botanische Garten der Universität Marburg. Das
zirka vier Hektar große Kleinod ist ein bezauberndes
Stück Natur mit schützenswerten, seltenen Bäumen
und Pflanzen, großen Wiesen und einem kleinen Teich.
Die Anlage wurde 1786 vom Deutschen Orden als fran-
zösischer Lustgarten angelegt, gelangte 1811 an die Universität und ist heute eine beliebte Oase der Erholung
inmitten der Altstadt. Als Gestalter gilt der Botaniker
und Pharmazeut Georg Wilhelm Franz Wenderoth
(1774–1861), der einen vielgestaltigen Landschaftsgarten
mit mehr als 300 Großgehölzen schuf, dessen bemer-
kenswerter Baumbestand heute ein Kulturdenkmal dar-
stellt. Das Besondere am Alten Botanischen Garten ist
auch das Zusammentreffen eines Wissenschaftsgartens
mit englischer Gartenkunst. Auf dem Gelände befinden
sich einige historische Gebäude. Das bis 1875 errichtete
neogotische Sandsteingebäude beherbergte einst das
Botanische Institut und zuletzt das Institut für Pharma-
zeutische Biologie. Zwischen 1961 und 1977 wurde auf
den Lahnbergen der rund 20 Hektar große Neue Botanische Garten angelegt.

5 | Universitätsbibliothek

Im Universitätsstädtchen Marburg mit seinen etwa 78 000 Einwohnern ist die neue Universitätsbibliothek Nahtstelle zwischen Altem Botanischen Garten und historischer Altstadt. Der 2018 eröffnete Kubus, in dem die vormalige Zentralbibliothek und mehrere geistes- und sozialwissenschaftliche Bereichsbibliotheken untergebracht sind, ist ein wichtiger Bestandteil des Campus Firmanei. Das markante Gebäude fügt sich harmonisch in sein Umfeld ein.

Knapp 3,2 Millionen Medien und ausgedehnte Öffnungszeiten schaffen einen Lernort für Studierende, der auch in den Abendstunden und am Wochenende offensteht. Leseinseln, Einzelarbeitsplätze, Gruppenräume mit mobilen Möbeln, ein großer PC-Pool, ein Sonderlesesaal für historische Bestände, individuelle Lounge-Bereiche, eine Cafeteria und vieles mehr laden sowohl zum Lernen als auch zum Entspannen ein. Durch die Verknüpfung von Öffentlichkeit und Universität nach dem Prinzip des »Zwischenraums« ist mit dem gläsernen Atrium in der Mitte der beiden geschlossenen Gebäudeteile ein moderner Ort des Austauschs und der Begegnung entstanden.

6 | Kornhaus

Mineralogisches Museum derzeit geschlossen,
www.uni-marburg.de/de/fb19/minmus

Statuen der fünf Tugenden
(Hoffnung, Gerechtigkeit,
Liebe, Mäßigkeit, Glaube)

Im Schatten der Elisabethkirche befindet sich am Firmaneiplatz der alte Kornspeicher, einst Teil des großen
Gutshofes des Deutschen Ordens, der nach und nach der
immer mehr Platz fordernden Stadt weichen musste.
Der ehemalige Kornspeicher samt Backhaus der Ordens-
niederlassung wurde viele Jahre lang als Lagerhaus und
Abstellraum genutzt. In dem Gebäude, das aus dem Jahr
1515 stammt, befindet sich heute das Mineralogische
Museum der Philipps-Universität. 1977 zum 450. Jubiläum der Marburger Universität nach umfangreicher
Sanierung des Gebäudes eröffnet, zählt es deutschland-
weit zu den bekanntesten Museen dieser Art. Die eins-
tige institutsinterne Lehr- und Forschungssammlung,
die bereits ab 1917 größtenteils an dieser Stelle untergebracht war, wurde damit zur Schausammlung. Zum
Bestand des Museums gehören etwa 50 000 Mineralien,
45 000 Gesteins- und 15 000 Edelsteinrohproben sowie
150 Meteoriten. In drei großen Räumen werden davon
etwa 2 500 Exponate gezeigt.

7 | Deutsches Haus

Die Niederlassung der Deutsch-Ordens-Brüder entstand ab 1234, als die ersten 13 Ordensritter nach Marburg kamen. Der Landgraf wies ihnen den einstigen Witwensitz der Heiligen Elisabeth zu. Die Ritter des Deutschen Ordens lebten nach einem mönchischen Gelübde; dazu zählte auch die Abgeschiedenheit von der Welt. Die heute noch existenten Wohn- und Wirtschaftsgebäude stammen aus dem 13. und 14. Jahrhundert. Im Laufe der Zeit wurde das in Bruchsteinbauweise errichtete Hofgut mehrfach erweitert und umgestaltet. Das gesamte Gelände von der Elisabethkirche über den Kornspeicher am Firmaneiplatz bis zum Deutschhaus war ursprünglich von einer hohen Steinmauer umgeben. Mehr als ein halbes Jahrtausend lang befand sich hier die Deutschordensniederlassung mit etwa 30 Wirtschafts-, Wohn- und Verwaltungsgebäuden sowie zwei Hospitälern. Sie war ein sowohl von den Landgrafen als auch der Stadt autonomes Territorium.

Das Deutsche Haus, ein dreiflügliges Gebäude, stammt in seinen ältesten Teilen aus der Zeit von 1234/35 bis 1250. Es wurde mehrfach um- und ausgebaut; auch

Der **Deutsche Orden** war neben den Johannitern und Maltesern einer der geistlichen Orden, die während der Kreuzzüge gegründet wurden. Ihre Aufgabe war die Pflege kranker Pilger und Kreuzritter. 1191 stellte sich der Deutsche Orden unter den Schutz von Papst Clemens III. und wurde 1198 in einen Ritterorden umgewandelt. Mit der »Goldenen Bulle von Rimini« übertrug Kaiser Friedrich II. dem Deutschen Orden 1226 u. a. die noch zu erobernden Gebiete der Prußen. Mit dem Frieden von Krakau wurde der Ordensstaat 1525 in das weltliche Herzogtum Preußen umgewandelt.

Die Hl. Elisabeth als Stifterin der Elisabethkirche

Heilige Elisabeth

1207–1231. Sie wurde als Tochter von Andreas II., König von Ungarn, geboren. Vierjährig wurde sie mit Ludwig, dem ältesten Sohn des Landgrafen Hermann I. von Thüringen, verlobt und 1221 verheiratet. Nach dem Vorbild der Franziskaner half sie in Eisenach Armen, Kranken und Aussätzigen mit Kleidung und Essen und gründete 1226 ein Hospital. Als Ludwig 1227 starb, verließ Elisabeth den weltlichen Hof und ging nach Marburg, wo sie am Fuße des Schlossberges das Franziskushospital gründete. 1231 starb sie erschöpft und krank von ihrer aufopferungsvollen Arbeit, strengem Fasten und harten Bußübungen. 1235 wurde sie heiliggesprochen. Sie gilt als Patronin von Thüringen und Hessen.

seine Nutzung wandelte sich häufig. Im Herrenhaus, dem Mittelbau, waren einst die Werkstätten untergebracht. Darin beeindrucken besonders die sogenannte Herrenküche und der riesige Kamin. Das Brüderhaus (Westflügel) beherbergte Schlaf- und Speisesaal; sein Vorbau im Stil der Renaissance mit den drei Wappensteinen entstand 1572. Die Wohnung des Komturs, der direkt dem Hochmeister unterstellt war und die Komturei als kleinste Verwaltungseinheit der Ritterorden verwaltete, befand sich im Ostflügel. Nach dem Abbruch der alten Komturei 1893, von der nur eine Säulengalerie erhalten blieb, wurde das barocke Eingangsportal an seinen heutigen Platz am Deutschen Haus versetzt.

Der Orden geriet ab dem 15. Jahrhundert zunehmend in politische, wirtschaftliche und nach der Reformation auch konfessionelle Konflikte mit den hessischen Landgrafen und wurde 1809 pro forma durch Napoleon aufgehoben. Anschließend gingen die Gebäude an die Universität über. Seit den 1820er Jahren befanden sich hier u. a. die Institute für Physik, Chemie, Mineralogie und Geologie sowie die Entbindungsanstalt (1823–1868). Seit 1977 beherbergen die mächtigen gotischen Sandsteingebäude den Fachbereich Geografie der Marburger Universität.

8 | Elisabethkirche

Apr.–Sept. 9–18 Uhr; Okt. 9–17 Uhr; Nov.–März 10–16 Uhr

Die Elisabethkirche, eines der bekanntesten Wahrzeichen von Marburg, gilt als Meisterwerk der Frühgotik und als erste rein gotische Kirche auf deutschem Boden. Die Grundsteinlegung erfolgte 1235, im Jahr der Heiligsprechung von Elisabeth. Bis zur Weihe 1283 vergingen noch 48 Jahre, erst ein weiteres halbes Jahrhundert später waren schließlich auch die 80 Meter hohen Türme fertig.

Als Elisabeth am 17. November 1231 nach kurzer Krankheit in Marburg starb, wurde sie vor dem Altar des von ihr begründeten Franziskushospitals beigesetzt. Der Deutsche Orden übernahm das Hospital 1234. Gemeinsam mit den Thüringer Landgrafen, maßgebliche

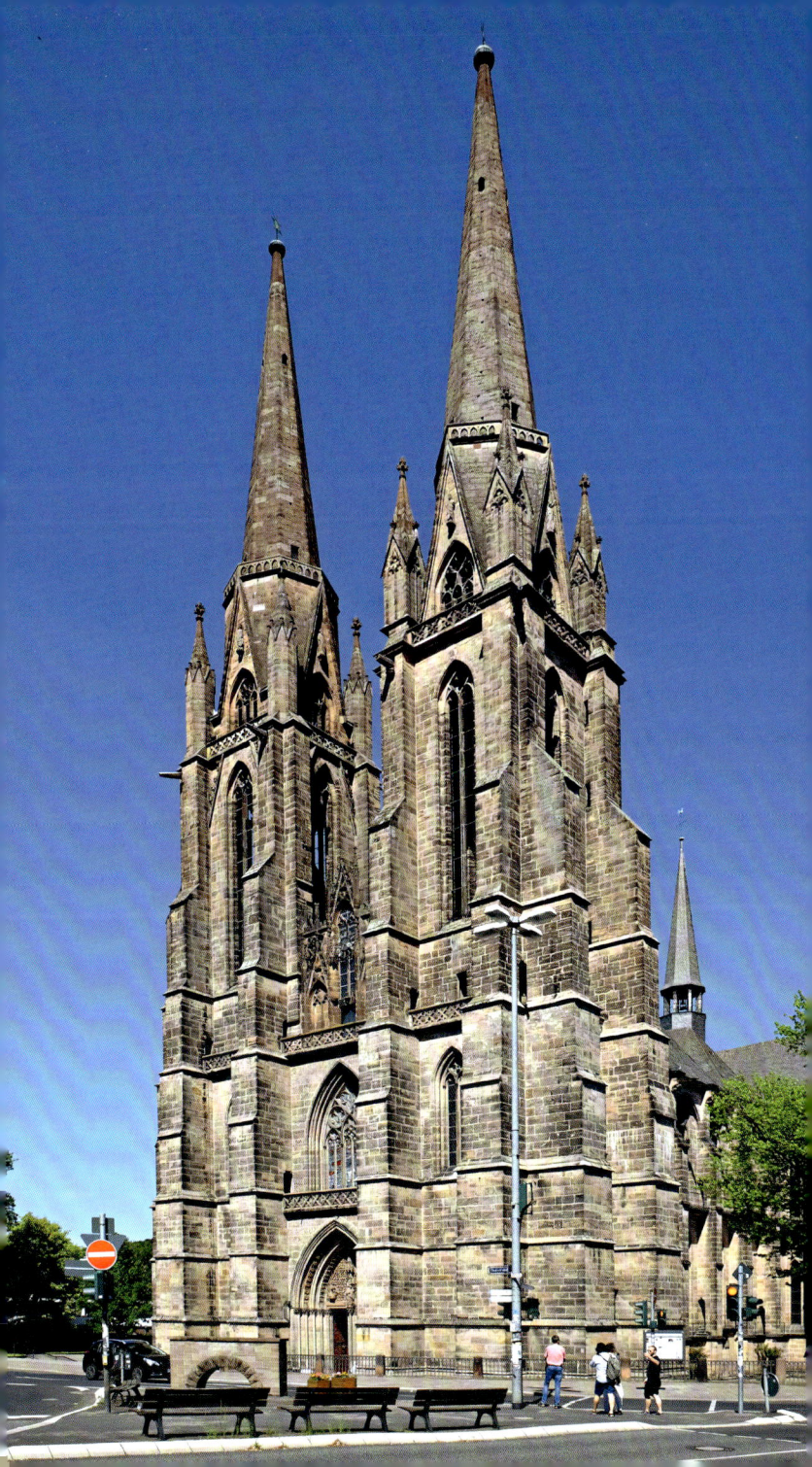

Förderer des Deutschen Ordens, ehrte er das Andenken der Heiligen Elisabeth durch den Bau der Elisabethkirche über ihrem Grab. Der dreifach angelegte, einem Kleeblatt ähnelnde Chor unterstreicht die Bedeutung des Gotteshauses als Grabkirche – während des gesamten Mittelalters eine bedeutende Wallfahrtsstätte. Am 1. Mai 1236 wurden die Gebeine der Heiligen Elisabeth in einen goldenen Schrein umgebettet, an der Spitze der Umbettungsprozession schritt Kaiser Friedrich II. barfuß im Büßerhemd.

Die Elisabethkirche war bis Mitte des 16. Jahrhunderts auch Grablege der hessischen Landgrafen, der Nachkommen der Heiligen Elisabeth. Nach der Reformation wurde Marburg protestantisch. Um die katholischen Pilger fernzuhalten, ließ Landgraf Philipp der Großmütige 1539 die Gebeine der Heiligen Elisabeth entfernen. Dabei soll er gesagt haben: »Liebe Muhme, du hast genug geschlafen!« So wurde Elisabeth, die im Leben auf alles verzichtet hatte, auch noch der Sarg genommen. Der Verbleib ihrer sterblichen Überreste ist bis heute ungewiss.

Nach dem Zweiten Weltkrieg wurden die Särge des ehemaligen Reichspräsidenten von Hindenburg und seiner Gattin vom Ehrenmal Tannenberg in Ostpreußen in die Turmhalle überführt. Ebenfalls ab 1945 lagerte man die Särge der preußischen Könige Friedrich Wilhelm I. und Friedrich II. in der Elisabethkirche zwischen, bis sie 1952 auf die Burg Hohenzollern gebracht wurden.

Die Elisabethkirche ist eine dreischiffige Hallenkirche mit einer Gewölbehöhe von mehr als 20 Metern. Ursprünglich war die aus Sandstein errichtete Kirche hellrot verputzt und hatte weiße Fugen. Die Besichtigung des frühgotischen Kirchenbaus ist ein beeindruckendes Erlebnis, das besonders durch die das Mittelschiff des Langhauses flankierenden mächtigen Strebepfeiler hervorgerufen wird. Am Ende des Langhauses entstand 1343 der Lettner (Schranke), der das Langhaus von der Vierung trennt, von der die drei Chöre ausgehen. Der Nordchor ist die Grabstätte der Heiligen Elisabeth; hier wurde sie ursprünglich beigesetzt. 1236 wurde der Schrein Elisabeths in der Sakristei aufgestellt. Im Südchor, dem Landgrafenchor, wurden bis zur Reformation die hessischen Landgrafen beigesetzt. Im Ostchor, dem Hohen

Hochaltar

Orgel der Elisabethkirche

Chor, wurde 1290 der gotische Hochaltar aus Sandstein errichtet. Die Fensterfront hinter ihm besteht aus romanischen und gotischen Buntglasfenstern, darunter das spätromanische Elisabethfenster. Von den spätgotischen Wandmalereien sind noch einige Reste im Chorbereich zu finden.

Weitere sehenswerte Ausstattungsobjekte der Kirche sind das Mausoleum der Heiligen Elisabeth (1250), der Triumphbogen über dem Lettner (um 1270), die Marienglocke von 1280, die Elisabethglocke von 1380, zwei spätgotische Statuen der Heiligen Elisabeth aus dem 15. Jahrhundert, der Marienkrönungsaltar (1518) sowie das 1931 zum 700. Todestag der Heiligen Elisabeth gestiftete Kruzifix von Ernst Barlach auf dem Kreuzaltar vor dem Lettner.

9 | St. Michaelskapelle

Gegenüber dem Hauptportal der Elisabethkirche führt ein Gässchen mit steilen Stufen zur etwas versteckt liegenden St. Michaelskapelle, von den Marburgern liebevoll »Michelchen« genannt. Sie wurde 1268 vom Deutschen Orden auf dem Totenhof errichtet, auf dem

Portal der Elisabethkirche

Elisabethpilger, die in Marburg verstarben, ihre letzte Ruhe fanden. 1270 wurde sie, noch vor der Elisabethkirche, geweiht und diente fortan als Friedhofs- und Pilgerkapelle. Ende des 13. Jahrhunderts ebbten die Pilgerströme zwar merklich ab, aber der Friedhof wurde weiterhin genutzt. Später übernahm die Stadt Marburg die St. Michaelskapelle, doch sie verkam mangels notwendiger Wartung zur Ruine.

Landgraf Philipp der Großmütige kaufte das Gelände 1527. Da auf dem städtischen Friedhof um die Marienkirche längst nicht mehr genügend Platz war, ordnete er an, dass hier ab 1530 auch Marburger Bürger beigesetzt werden sollten. Ab 1583 wurde die Kapelle wieder instand gesetzt. Sie bekam neue Fenster und Türen, eine Kanzel, eine Empore und einen neuen Dachstuhl.

1888 fand auf dem Friedhof am »Michelchen« die letzte Beisetzung statt. Noch heute sind etwa 50 alte Grabsteine aus der Zeit vom 16. bis 18. Jahrhundert zu sehen. Sie reichen von Figurengrabsteinen der Renaissance über Inschriftgrabsteine des Barocks bis zum klassizistischen Denkmalgrab. Der älteste noch erhaltene Grabstein stammt aus dem Jahr 1566. Der Friedhof kann jederzeit besucht werden, die Kapelle hingegen ist nicht für den Besucherverkehr geöffnet.

Otto Ubbelohde

1867–1922, Maler und Grafiker. Ubbelohde erblickte unweit der Elisabethkirche in der Elisabethstraße 9 das Licht der Welt. Nach dem Abitur am Gymnasium Philippinum studierte er ab 1884 an der Münchner Kunstakademie. Um 1900 ließ er sich in Goßfelden bei Marburg ein Wohn- und Atelierhaus errichten (heute Museum und Forschungsstätte). Das umfangreiche Werk Ubbelohdes umfasst neben hessischen Landschaftsmalereien und Stillleben unzählige Zeichnungen und Radierungen für Bücher, Kalender und Postkarten. Weltweit bekannt wurde der Marburger durch seine Illustrationen der Märchen der Brüder Grimm.

10 | Franziskuskapelle

Nahe der vielbefahrenen Kreuzung vor der Elisabethkirche erblickt man am Pilgrimstein ein historisches Kleinod: die Ruine des gotischen Chorraums der früheren Franziskuskapelle.

Die ehemalige Hospitalkapelle ist dem Heiligen Franz von Assisi gewidmet. Im 13. Jahrhundert war er ein einflussreicher Vertreter der Armutsbewegung, der sich auch die Heilige Elisabeth verschrieben hatte. Zeitgleich mit dem Bau der Elisabethkirche ließ der Deutsche Orden Mitte des 13. Jahrhunderts im Gedenken an Elisabeths aufopferungsvollen Einsatz für Arme, Kranke und Pilger das von ihr gegründete Hospital an den Pilgrimstein verlagern. Das Hospital diente später auch zahlreichen Pilgern zu Elisabeths Grab als Herberge. Das ursprünglich gotische Gebäude wurde im 18. Jahrhundert klassizistisch umgebaut und diente als Krankenhaus und Universitätsklinik.

1887 hatte das Elisabethhospital nach über 630 Jahren ausgedient und wurde abgerissen. Die Ruine der Franziskuskapelle steht heute auf dem Areal des Physiologischen Instituts der Philipps-Universität.

11 | Steinweg

Bereits seit etwa 1300 gibt es den Steinweg, die gepflasterte Verbindung zwischen der Marburger Altstadt und der Niederlassung des Deutschen Ordens in der Vorstadt. Am unteren Steinweg, auch »Loch« genannt, wurden im Mittelalter vor den Toren der Stadt die Pferde ausgespannt und getränkt. Ein Brunnen findet bereits im Stadtplan von 1750 eine deutliche Markierung. Der Steinweg hat sich durch die städtebaulichen Veränderungen, besonders im 19. Jahrhundert, gewandelt; das mittlere Teilstück, die »Plantage«, wurde angelegt und der neogotische Mönchsbrunnen errichtet. Im Jahr 2000 wurde der kleine Platz um den Brunnen neu gestaltet. Das Gebäude Steinweg Nr. 8 stammt aus dem Jahr 1900 und wurde von der Architektengemeinschaft Otto Eichelberg (1853–1916) und August Dauber (1867–1957), zwei der bedeutendsten Architekten des Historismus in Marburg, errichtet. Hier befand sich bis 2020 die letzte Kunsttöp-

Deutsche Blindenstudienanstalt

Als viele Männer blind oder sehbehindert aus dem Ersten Weltkrieg zurückkehrten, begannen 1915 an der Marburger Universitäts-Augenklinik unter Professor Bielschowsky die ersten Kurse zum Erlernen der Blindentechniken. Mit Carl Strehl, einem ehemaligen Studenten, gründete er den »Verein der Blinden Akademiker Deutschlands« zur Wiedereingliederung Kriegsblinder in das Arbeitsleben. 1916 wurde die »Blista« in Marburg gegründet. Das 1917 entstandene Gymnasium gilt als das weltweit erste für blinde Menschen. Zeitgleich wurden Druckerei, Bibliothek und eine Werkstatt zur Herstellung von Hilfsmitteln aufgebaut, es entstand die erste Blindenhörbücherei Deutschlands und die Sehgeschädigten Sportgemeinschaft (SSG Blista).

Oben: Steinweg 8
Links: Franziskuskapelle

15

ferei der Marburger Altstadt. Im Töpferhaus Schneider wurden seit 1809 die bekannten »Marburger Dippchen« hergestellt. Dabei wird mit dem Malhörnchen eine andersfarbige, dickflüssige Tonsuspension (»Schlicker«) auf die ausgeformte und harte, aber noch ungebrannte Tonware aufgetragen. Trotz Entwicklung zur industriellen Massenproduktion pflegten die Schneiders die Töpferei bewusst als volkstümliches Kunsthandwerk.

12 | Wettergasse

Tourist-Information (Wettergasse 6) Mo–Sa geöffnet, www.marburg-tourismus.de, Tel. 06421 99 12 40

Die Wettergasse, in die der Steinweg übergeht, hieß ursprünglich Werdergasse und führte nach Wehrda, einem heutigen Marburger Ortsteil. Um 1512 wurde daraus die Wedergasse und später die bis heute gebräuchliche Bezeichnung Wettergasse. Der gesamte Straßenzug von Wettergasse, Neustadt und Steinweg wird von historischen »altdeutschen« Fachwerkhäusern geprägt, die die volkstümliche deutsche Fachwerkarchitektur »verfeinerten«. In Marburg erlangte dieser Fachwerk-Historismus des späten 19. Jahrhunderts wie in kaum einer anderen deutschen Stadt eine stadtbildprägende Dominanz. Typische Elemente sind Erker, Loggien, Eckpfostenschnitzereien und Dachaufbauten. Die Gebäude orientierten sich an den Formen vergangener Stilepochen, meist der Gotik, und wurden schnell architektonischer Gegenpol des Massenwohnungsbaus der wilhelminischen Epoche.

Zu den sehenswerten Bauwerken zählt das Haus Dern in der Wettergasse 18 aus dem Jahr 1896. Es stammt von den Architekten Eichelberg & Dauber und ist mit vielen liebevollen Details, leuchtend rotem Fachwerk auf einem hallenartigen Erdgeschoss aus Sandsteinmauerwerk und einem kleinen Türmchen mit Wetterfahne gestaltet.

Eines der malerischsten Häuser Marburgs ist die Wettergasse 11 (1899, Architekten Eichelberg & Dauber). Das schmale dreigeschossige Fachwerkhaus fasziniert mit seiner reichen und plastischen Verzierung.

Oben: Wettergasse 11
Links: Haus Dern (Wettergasse 18)

13 | Kilian

Eines der ältesten erhaltenen Marburger Bauwerke, neben Teilen des Schlosses, befindet sich in der Mitte des Schuhmarktes (Nr. 4). Es ist die ehemalige, eher unbedeutend wirkende Kilianskapelle. Das romanische Gebäude wurde zwischen 1180 und 1200 ursprünglich als Kapelle errichtet. Aus Steinen der 1452 abgebrochenen Synagoge entstand eine neue Mauer um den Kilianshof. Nach der Reformation fanden keine Gottesdienste mehr in der Kapelle statt. In der Folgezeit diente der »Kilian« unterschiedlichen Zwecken: als Stadtwaage, Zunftstube der Schuhmacher, Backhaus und sogar als Schweinestall.

Zum Wiederaufbau der eingestürzten Weidenhäuser Brücke wurden 1555 der Ostturm und das Gewölbe abgerissen. Im späten 16. Jahrhundert wurde das Gebäude wieder instand gesetzt; es erhielt ein Fachwerkobergeschoss und Renaissancefenster. Seither hat der »Kilian« sein Erscheinungsbild weitgehend bewahrt. Er beherbergte ab 1611 eine Schule und ein Waisenhaus, ab 1910 die Stadtverwaltung und die Stadtpolizei, nach 1933 die Gestapo. Früher Zeuge der mehrfach veränderten Kapelle ist das zugemauerte Westportal.

Ehemaliges Westportal der Kilianskapelle

14 | Marktplatz mit Rathaus

Der Marktplatz bildet das Zentrum der oberhalb der Lahn auf dem Schlossberg gelegenen Marburger Altstadt, der sogenannten Oberstadt. Hier, wo heute jeden Samstag ausgewählte Marktstände ihre Produkte anbieten, fand der Legende nach die Gründung des Landes Hessen statt. Als die Landgrafen von Thüringen, die bisherigen Herrscher über Marburg und weite hessische Gebiete, 1247 ausstarben, kam es zwischen den sächsischen Wettinern und Sophie von Brabant (1224–1275), Tochter der Heiligen Elisabeth, zum Erbfolgestreit. In der Folge wurde der hessische Teil der Grafschaft abgespalten und 1248 die neue Landgrafschaft Hessen begründet. Erster Herrscher war Sophies Sohn Heinrich I. (1244–1308), der Marburg als Residenzstadt wählte. Mit seiner Erhebung in den erblichen Reichsfürstenstand wurde die Landgrafschaft Hessen 1292 reichsrechtlich anerkannt.

Denkmal der Sophie von Brabant und ihres Sohnes Heinrich, des ersten Landgrafen von Hessen

Bevor das spätgotische Rathaus gebaut wurde, nutzten die Ratsherren der Stadt den »Kerner«, das Beinhaus der Lutherischen Pfarrkirche, als Versammlungsgebäude. Als das Haus 1456 niederbrannte, verlegten sie ihren Sitz in die ehemalige Stadtschule am Kirchhof. Die Entscheidung, ein eigenes Rathaus zu bauen, fiel in eine

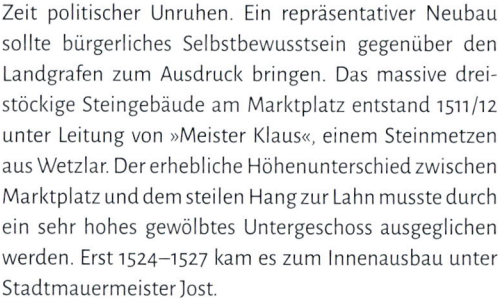

Rathaus

Zeit politischer Unruhen. Ein repräsentativer Neubau sollte bürgerliches Selbstbewusstsein gegenüber den Landgrafen zum Ausdruck bringen. Das massive drei-stöckige Steingebäude am Marktplatz entstand 1511/12 unter Leitung von »Meister Klaus«, einem Steinmetzen aus Wetzlar. Der erhebliche Höhenunterschied zwischen Marktplatz und dem steilen Hang zur Lahn musste durch ein sehr hohes gewölbtes Untergeschoss ausgeglichen werden. Erst 1524–1527 kam es zum Innenausbau unter Stadtmauermeister Jost.

Die Fassade des Rathauses wird zur Marktseite von einem vorgestellten Treppenturm bestimmt. Über dem spitzbogigen Turmportal befindet sich ein Relief der Hei-ligen Elisabeth, die die Kirche und das landgräflich-hes-sische Wappen hält. Später kam ein Küchenbau hinzu und 1581/82 unter Leitung von Ebert Baldewein der Gie-belaufsatz auf dem Treppenturm. In der Mitte befindet sich eine Turmuhr, eine Weltkugel dreht sich gemächlich über einem Fenster. Auf dem Giebel steht ein Hahn, »der Rathausgockel«, der zu jeder vollen Stunde mit metal-lischem Geräusch die Flügel hebt. Zeitgleich trompetet links der Uhr ein Bläser, und der rechts stehende Tod dreht die Sanduhr um – heute eine beliebte Touristenat-traktion.

Hl. Elisabeth am Rathaus

15 | Haus der Romantik

Di–Fr 14–17 Uhr, Sa/So 11–13/14–17 Uhr

Das Haus »Zum Stern« bzw. »Künstlerhaus« (Markt 16) wurde 1675 in Anlehnung an die Bürgerhäuser um 1600 fertiggestellt. Das viergeschossige Wohn- und Geschäftshaus hat ein Satteldach mit Zwerchhaus. Die beiden unteren Etagen sind verputzt und massiv, während die oberen aus freigelegtem Fachwerk bestehen. Die Nordostecke des Hauses wird durch einen dreigeschossigen Erker hervorgehoben. Ein aufwendig gestaltetes Portal (1675) mit einer Rokokotür (um 1770) und flankierenden Säulen gewährt Einlass. Auf dem Dreiecksgiebel über der Tür sind zwei einander zugewandte, wappenhaltende Löwen mit den Initialen der Bauherren – Helferich Hamer und Dorothea Deinhardt – zu sehen. Die Inschrift »Endlich 1675« bringt wohl Freude und Erleichterung nach einer Bauzeit von zehn Jahren zum Ausdruck.

Zwischen 1800 und 1806 traf sich in Marburg regelmäßig ein romantischer Freundeskreis. Zu ihm gehörten u. a. Jacob und Wilhelm Grimm, die Geschwister Bettina und Clemens Brentano, dessen Ehefrau Sophie Mereau, Bettinas späterer Gatte Achim von Arnim, Karl Wilhelm

Clemens Brentano
1778–1842, Schriftsteller. Statt sich dem Studium der Medizin zu widmen, ging Brentano lieber seinen literarischen Neigungen nach und lernte um 1800 bedeutende Vertreter der Weimarer Klassik und Frühromantik kennen. Brentano hielt sich 1803/4 mit seiner Frau in Marburg auf, wo sein Schwager Savigny als Rechtsgelehrter wirkte. Während seines »Wanderlebens« lebte er u. a. in Heidelberg, Berlin und München. Brentano gilt als einer der bedeutendsten Vertreter der deutschen Romantik, zu seinen bekanntesten Werken zählt »Des Knaben Wunderhorn«, eine Sammlung von Volksliedern vom Mittelalter bis ins 18. Jahrhundert.

von Justi, Friedrich Carl von Savigny, Leonard und Friedrich Creuzer sowie Karoline von Günderode. Im Museum zur Kulturgeschichte der Romantik wird das Gedenken an diesen Marburger Romantikerkreis erhalten. Die romantische Strömung beeinflusste mit Grundthemen wie Gefühl, Leidenschaft und Individualität im 18. und 19. Jahrhundert Literatur und Kunst, Religion und Wissenschaft sowie Politik und Gesellschaft.

16 | Steinernes Haus

Das gotische Gebäude aus Bruchsteinen am Markt 18, auch »Steinernes Haus« genannt, stammt aus der Zeit um 1319 – Brandspuren im gesamten Haus sind Indizien des verheerenden Stadtbrands in jenem Jahr – und ist damit das älteste erhaltene Wohngebäude Marburgs. Nur wenige wohlhabende Bürger konnten sich zu dieser Zeit massive Steinhäuser bauen lassen, der typische Fachwerkbau war günstiger.

Das »Steinerne Haus« war Wohnsitz vieler wichtiger Patrizier- und Bürgerfamilien sowie von Professoren und Beamten, die von der Mitte des 14. bis ins 19. Jahrhundert hier lebten. Die Landgrafen Ludwig II. und Heinrich III. sollen zwischen 1457 und 1460 sogar Feste im Gebäude mit der mittelalterlichen Außentoilette gefeiert haben. Der Aborterker an der nördlichen Traufseite, wenn auch längst außer Betrieb, sorgt nicht nur bei Touristen immer wieder für Heiterkeit. Architektonisch fällt der gotische, zum Markt zeigende Treppengiebel auf. Das Trauzimmer im Gebäude ist heute bei Heiratswilligen sehr beliebt, im Keller gibt es eine urige Gaststätte.

17 | Brüder-Grimm-Stube

Das Renaissancegebäude (Markt 23) mit gotischen Resten beherbergt im Erdgeschoss die Brüder-Grimm-Stube. Der Fachdienst Kultur der Stadt Marburg nutzt sie regelmäßig für Ausstellungen. Bis in die 1960er Jahre wurde das Gebäude als Maschinenhaus der örtlichen Tageszeitung genutzt. Das Haus hat ein massives Erdgeschoss mit Eckquadern und eine mehrstöckige Fachwerkkons-

Oben: Steinernes Haus
Rechts: Brüder-Grimm-Stube

Christian Wolff

1679–1754, Philosoph und Universalgelehrter. Als studierter Theologe, Mathematiker und Physiker lehrte der in Breslau geborene Wolff 1723–1740 an der Marburger Universität, zu seinen berühmtesten Schülern zählte Michail W. Lomonossow. Der bedeutende Aufklärer gehört zu den wichtigsten Vertretern des Naturrechts und gilt als Begründer der Begriffsjurisprudenz des 18. Jahrhunderts. Auf Wolff gehen zahlreiche terminologische Grundlagen der Philosophie zurück, von ihm definierte Begriffe wie »Bedeutung« oder »Aufmerksamkeit« wurden in die Alltagssprache übernommen. 1745 wurde Wolff zum Reichsfreiherrn nobilitiert.

truktion. Die ältesten Balken können auf das Jahr 1499 datiert werden, die farbliche Gestaltung der Fassade und die Innenausstattung stammen aus der zweiten Hälfte des 16. Jahrhunderts. Der berühmte Universalgelehrte Christian Wolff erwarb die Häuser Nr. 23 und 24 im Jahre 1724 und nutzte sie zeitweise als Lehrort und als Wohnhaus für seine Studenten. Auch der berühmte Zauberkünstler Ludwig Strack-Bellachini (1861–1930), bekannt als der »Marburger Bellachini«, wohnte hier.

18 | Ehemalige Synagoge

Führungen über Tourist-Information (siehe S. 17)

Seit dem 13. Jahrhundert lebten Juden in Marburg. Ihre Anzahl blieb, bedingt durch Vertreibungen, nie konstant. Jahrhunderte lang waren es aber selten mehr als 30 bis 40 Personen. Erst mit zunehmender wirtschaftlicher Freiheit unter der Herrschaft Napoleons im 19. Jahrhundert und dem Gesetz zur Gleichstellung von Juden von 1869 vergrößerte sich auch die jüdische Gemeinschaft. Die Gemeinde wuchs bis Anfang des 20. Jahrhunderts auf über 500 Mitglieder. Am 15. Sep-

tember 1897 wurde die große Synagoge in der Universitätsstraße eingeweiht. Sie wurde in der Pogromnacht des 9. November 1938 von der SA angezündet. Kurze Zeit später kam es zum Abtransport vieler jüdischer Männer ins KZ Buchenwald. Die anderen Juden mussten in Gettohäuser ziehen. Mit der Deportation aller verbliebenen jüdischen Bürger endete 1942 die fast 700-jährige Geschichte der Juden in Marburg.

Die mittelalterliche Synagoge stand einst hinter dem Haus Markt 24 an der Ecke zur Judengasse, die unter den Nationalsozialisten in »Schloßsteig« umbenannt wurde. Schriftliche Quellen belegen, dass dieses als »Judenschule« bezeichnete Bauwerk 1452 abgerissen wurde. Nach 1993 wurde die Synagoge aus dem frühen 14. Jahrhundert, die einen Grundriss von sieben mal zehn Meter und eine Mauerhöhe von zwei bis fünf Meter besaß, archäologisch ergraben. Dabei konnten die Grundmauern, Teile des Kreuzrippengewölbes und der Sandsteinplattenboden freigelegt werden. Ein stilisierter Davidstern an einem Gewölbeschlussstein und eine mögliche Tora-Nische weisen auf ein jüdisches Gebetshaus hin. Über der Ausgrabungsstelle wurde im Jahr 2001 ein Glaskubus errichtet. Dieser dient nicht nur dem Schutz; er zeigt in vereinfachter Form die Größe der einstigen Synagoge.

Ebert Baldewein
1525–1593, Hofbaumeister. Seit 1567 stand der gelernte Schneider als Baumeister in landgräflichen Diensten in den neu entstandenen Landgrafschaften Hessen-Marburg unter Ludwig IV. sowie Hessen-Kassel unter Wilhelm IV. Nach den Entwürfen Wilhelms, angesehener Astronom und Auftraggeber der ersten Sternwarte Mitteleuropas in Kassel, baute Baldewein verschiedene Instrumente und Uhren. Bereits 1561 schuf er auf der Grundlage des neuen heliozentrischen Weltbildes ein großes astronomisches Automatenwerk, die »Wilhelmsuhr«, die als das bedeutendste mechanisch-astronomische Kunstwerk seiner Zeit galt.

19 | Neue Kanzlei

Religionskundliche Sammlung Mo 14–16 Uhr

Der Weg zum Schloss führt über die Ritterstraße mit dem bemerkenswerten Gebäude Nr. 3. Es entstand 1877 nach Plänen des Universitätsbaumeisters Carl Schäfer und wurde zum Vorbild der gründerzeitlichen Fachwerkarchitektur in Marburg. Bauherr des markanten Gebäudes mit Eckerker, Spitztürmchen und Krüppelwalmdach war der Jurist und Reichstagsabgeordnete Karl Grimm.

Das stattliche Renaissancegebäude der Neuen Kanzlei (Landgraf-Philipp-Straße 4) wurde 1573–1575 von Baumeister Ebert Baldewein errichtet. Die an der Zufahrt vom Markt zum Schloss gelegene ehemalige Kanzlei

Ritterstraße 3

der Landgrafschaft Hessen-Marburg hat vier Geschosse und bestand ursprünglich aus verputzten und bemalten Bruchsteinwänden. Das schlicht gehaltene Gebäude wird durch einen Treppenturm mit Portal und drei Volutengiebel bestimmt. Die Giebelfiguren sind Werke des Bildhauers Melchior Atzel. Von Baldeweins Architektur ist nur das Äußere weitgehend erhalten geblieben, das Innere wurde mehrfach verändert.

Als das Gebäude 1873 zum Sitz des Landgerichts umgebaut werden sollte, entdeckte man den Grundstein aus dem 16. Jahrhundert sowie ein silbernes Plättchen mit dem hessischen Wappenschild. Informationen auf dessen Rückseite belegen, dass der Grundstein 1573 gelegt wurde, vermutlich sogar im Beisein des Auftraggebers Landgraf Ludwig. Die Inschrift über dem Portal gibt an, dass das Gebäude zwei Jahre später fertiggestellt war. Bis 1604 befand sich hier der Verwaltungs- und Regierungssitz der Landgrafschaft Hessen-Marburg. Zwischen 1821 und 1961 diente die Kanzlei als Gerichtsgebäude.

In der Neuen Kanzlei findet man heute das Fachgebiet Religionswissenschaft mit der dazugehörigen Bibliothek und das in Deutschland einzigartige, elf Räume umfassende Museum der Religionen: die Religionskundliche Sammlung der Universität Marburg.

20 | Landgrafenschloss

Di–So: Apr.–Okt. 10–18 Uhr, Nov.–März 10–16 Uhr,
Führungen Schloss Apr.–Okt.: So 15 Uhr,
Kasematten Apr.–Okt.: Sa 15.15 Uhr

Das auf dem 287 Meter hohen Schlossberg gelegene Schloss ist schon von Weitem zu sehen und prägt die Silhouette der Stadt Marburg. Es ist neben der Elisabethkirche wohl das am meisten fotografierte Motiv Marburgs. Die Schlossanlage wurde hufeisenförmig um einen schmalen, nach Osten offenen Innenhof angelegt. Im Süden befindet sich der Landgrafenbau, im Westen der Frauenbau sowie der Saal- bzw. Fürstenbau und im Norden das Leutehaus.

Wegen der teilweise steil abfallenden Flanken war der Bergkegel bestens geeignet für den Bau einer mittelalterlichen Burg, deren genaue Entstehungszeit im Dunkeln liegt, vermutlich aber ins 11. und 12. Jahrhundert fällt. Mit dem Tod des Gaugrafen Giso V. 1137 fiel die Grafschaft an die Ludowinger, Landgrafen von Thüringen, die dadurch ihren Herrschaftsbereich bis in das heutige Hessen ausdehnten. In dieser Zeit der ersten urkundlichen Erwähnung von Marburg 1138/39 ist von weiteren Bauarbeiten

Nachdem auf dem Reichstag zu Speyer 1529 das Wormser Edikt bestätigt worden war, das 1521 Reichsacht und Exkommunikation über Luther gebracht hatte, lud Philipp I. zum **Marburger Religionsgespräch**, v. a. zwischen Luther und Melanchthon mit Zwingli und Oekolampad. Um die Reformation zu stärken, strebte Philipp nach einer Einigung des lutherischen und des reformierten Zweiges der neuen evangelischen Glaubenslehre, um gestärkt den Altgläubigen gegenüberzutreten. Durch unüberwindbare Gegensätze, besonders im Abendmahlsstreit, trennten sich nach dem Gespräch endgültig die Wege des reformatorischen Glaubens.

an der Burg auszugehen; auch unter Graf Heinrich Raspe II. (1130–1155/7) erfolgten vermutlich umfangreiche Baumaßnahmen. Der Nordteil des Wohnhauses wurde zu einem quadratischen Turm umgebaut und durch eine Ringmauer geschützt.

Der Ausbau des Schlosses zur ersten Residenz der hessischen Landgrafen im 13. Jahrhundert prägte im Wesentlichen seine heutige Gestalt, auch wenn Landgraf Heinrich I., Enkel der Heiligen Elisabeth, 1277 Marburg als »Wiege Hessens« verließ und fortan in Kassel residierte. In der Marburger Kernburg entstanden die Schlosskapelle (1288 eingeweiht), der dreigeschossige Saalbau (1292–1300), der viergeschossige Landgrafen- sowie der Frauenbau. Der »Große Saal« (Fürstensaal) ist einer der bedeutendsten profanen Säle der Gotik in Deutschland. Er diente hauptsächlich repräsentativen Zwecken und sollte eindrucksvoll die neu erlangte Bedeutung der Landgrafen unterstreichen. Der zweischiffige Saal umfasst bei einer Länge von 33 Metern und einer Breite von 14 Metern fast 500 Quadratmeter. Der Thron der Landgrafen stand vermutlich in der großen Nische der Nordwand.

Politische Bedeutung erlangte das Marburger Schloss wieder unter Landgraf **Philipp I.**, der als einer der bedeutendsten Landesfürsten des Heiligen Römischen Reiches Deutscher Nation bereits 1526 die Reformation einführte und im folgenden Jahr in Marburg die älteste, heute noch existierende protestantische Universität gründete. Auf seine Einladung hin fand vom 1. bis 4. Oktober 1529 das **Marburger Religionsgespräch** zwischen Martin Luther und Ulrich Zwingli im Schloss statt. Nach Philipps Tod 1567 wurde das Schloss Residenz von Hessen-Marburg als einer der vier Teilgrafschaften (neben Hessen-Kassel, Hessen-Rheinfels und Hessen-Darmstadt).

Vom 17. bis zum 18. Jahrhundert wurde das Schloss an seiner Westseite als Verteidigungsanlage mit Bastionen und Kasematten ausgebaut. Ab 1809 diente das Schloss als Gefängnis; 1869–1938 war das Preußische Staatsarchiv Nutzer der Räumlichkeiten. Ab 1976 wurde das Schloss grundlegend saniert. Ein Teil wurde der Marburger Universität zur Verfügung gestellt und der Öffentlichkeit zugänglig gemacht. Im Wilhelmsbau sind seitdem Dauer- und Sonderausstellungen des Museums für Kulturgeschichte der Universität untergebracht.

Philipp I., genannt der Großmütige

1504–1567, Landgraf von Hessen. Geboren in Marburg, erklärte Kaiser Maximilian I. 1518 den noch minderjährigen Philipp für mündig. Seit 1524 dem protestantischen Glauben zugehörig, wurde Philipp zu einem Vorkämpfer der Reformation. So gründete er mit mehreren protestantischen Fürsten den Torgauer (1526) bzw. Schmalkaldischen Bund (1531), lud 1529 zum Marburger Religionsgespräch und gehörte zu den »Protestanten« auf dem Reichstag zu Speyer. 1527 begründete Philipp in Marburg die zweite protestantische Universität (die erste, heute nicht mehr existente wurde 1526 in Liegnitz gegründet). Nach seinem Tod wurde die Landgrafschaft Hessen unter seinen vier Söhnen aufgeteilt, woraufhin sie erheblich an politischem Gewicht einbüßte.

21 | Marstall

Das auffälligste Gebäude der Schlossvorburg ist der Marstall mit dem angrenzenden Zeughaus. Das viergeschossige Bauwerk hat ein reich verziertes Renaissanceportal. Es trägt zwar die Jahreszahl 1573, wurde aber erst 1898 hierher versetzt. Es stammt von einem ehemaligen Adelssitz am Steinweg 4, der abgerissen wurde. Auf der Wetterfahne des Zwerchgiebels sind ein Wolfskopf mit heraushängender Zunge und die Jahreszahl 1782 zu sehen. Das Fachwerk an der rechten Giebelseite entspricht noch dem ursprünglichen Erscheinungsbild.

Touristen haben irrtümlich oft den Eindruck, dass der Marstall Teil des Museums ist. Dabei befindet sich hier, im Schatten des Schlosses, das Collegium Philippinum der Hessischen Stipendiatenanstalt, ein selbstverwaltetes Studentenwohnheim der Philipps-Universität. Seit 1946 leben in regelmäßigem Wechsel Studenten, seit 1973 auch Frauen, in dem Haus. Die gesamte Hausgemeinschaft entscheidet, wer einziehen darf. Aufgrund der vielen Bewerbungen kann es schon einmal drei Wahlgänge dauern, bis die neuen Mitbewohner feststehen. Außerdem gehören heute Zeughaus, Kommandantur und Schmiede des Landgrafenschlosses zum Wohnheim.

Die **Hessische Stipendiatenanstalt** gilt als das erste deutsche Studentenwohnheim. Sie wurde 1529 von Landgraf Philipp begründet, indem er sogenannte Präsentationsstädte verpflichtete, jährlich je 15 Gulden an Stipendiaten zu zahlen. Außerdem besaßen die Städte das Recht, einen Stipendiaten zur Aufnahme in das Collegium Philippinum zu bestimmen. Die ersten Bewohner bezogen 1546 ein gemeinsames Wohnheim im Marburger Kugelhaus.

22 | Hexenturm

Besichtigung bei Kasemattenführung Apr.–Okt.: Sa 15.15 Uhr

In unmittelbarer Nähe des Schlosses steht der 1478 erbaute Weiße Turm. Er sollte als vorgeschobener Geschützturm die Nord-West-Flanke des Schlosses sichern. Mit vier Meter dicken Mauern aus Bruchquadern, die bis zwei Meter unters Dach reichen, ist der Turm entsprechend stabil gebaut. Es ist davon auszugehen, dass die oberen zwei Meter erst im 19. Jahrhundert aufgestockt wurden. Die unteren beiden der vier Geschosse schüttete man im 16. Jahrhundert zu. Mit der rasanten Steigerung der Schussweite der Artillerie hatte der Geschützturm seine militärische Funktion verloren. Der Turm wurde 1550–1864 als Gefängnis genutzt. Die vergitterten kleinen Zellfenster sind traurige Zeugen einer düsteren Vergangenheit, insbesondere der Verfolgung von Frauen. In Marburg gibt es heute aus der Zeit von 1513 bis 1710 noch etwa 100 Akten von hessenweiten Hexenprozessen. Dabei wurde Jagd auf Frauen gemacht, die nicht der »Normalität« entsprachen. Nicht selten warteten sie im »Hexenturm« auf ihre Hinrichtung. Heute kann der Turm über eine kleine Außentreppe bestiegen werden.

Emil von Behring
1854–1917, Mediziner. Nach seiner Promotion 1878 in Berlin arbeitete Behring zunächst als Truppenarzt, bevor er Assistent von Robert Koch am Institut für Infektionskrankheiten wurde. 1893 zum Professor ernannt, wirkte Behring von 1895 bis 1917 an der Marburger Universität. Behrings Forschungen gelten als Grundlage der Serumbehandlung, ab 1904 wurden in den Behringwerken u. a. Heilseren gegen Diphtherie und Wundstarrkrampf hergestellt. 1901 erhielt der »Retter der Kinder« dafür den ersten Nobelpreis für Medizin und wurde nobilitiert, seit 1914 ist er Ehrenbürger von Marburg.

23 | Lutherische Pfarrkirche St. Marien

8–18 Uhr

Im Herzen der Altstadt befindet sich die älteste Pfarrkirche Marburgs. Bereits 1227, als es die Elisabethkirche noch nicht gab, erhielt die romanische Marienkirche Pfarrrechte durch Landgraf Ludwig IV. Die Weihe des gotischen Chores fand 1297 statt. Dieser ist somit der älteste Teil der heutigen Kirche. Der Deutsche Orden wollte damit seine bevorstehende Präsenz in der Stadt ankündigen, denn die inzwischen fertiggestellte Elisabethkirche lag zu jener Zeit noch außerhalb Marburgs. Zwischen 1318 und 1395 wurde St. Marien deutlich erweitert, und der hochgotische Chor erhielt anstelle des Vorgängerbaus ein großes dreischiffiges gotisches Langhaus. Der Westturm aus dem 15. Jahrhundert sollte ursprünglich einen Turmhelm aus Stein erhalten. Denkbar ist, dass es aus finanziellen Gründen nur bei einem hölzernen Provisorium blieb. Im Laufe der Jahrhunderte neigte sich die Turmspitze deutlich, und längst gehört der »schiefe Turm von Marburg« zu den Wahrzeichen der Stadt. Die Diskussion, ob Baufehler, Absicht oder schlicht die Witterung schuld daran sind, wird äußerst kontrovers geführt.

Im Inneren, an der Nordwand des Chores, ist das prachtvolle Grabmal Landgraf Ludwigs IV. (1537–1604) und seiner Gattin Hedwig zu sehen. Es besteht aus einem sandsteinernen Sockel mit Marmorsäulen und Plastiken aus Alabaster. Links davon befindet sich das Grabmonument von Landgraf Ludwig V. (1577–1626) und seiner Gattin Magdalena. Neben den Gräbern der Landgrafen ist ein Altar aus dem 17. Jahrhundert zu finden. Das romanische Taufbecken stammt noch aus dem Vorgängerbau. Interessant ist außerdem eine originelle Wandmalerei. Sie zeigt eine bekleidete bärtige Gestalt, die am Kreuz hängt. Es soll sich dabei um die Heilige Kümmernis und nicht um Jesus handeln. Einer Legende zufolge soll sie die wunderschöne christliche Tochter eines heidnischen portugiesischen Königs gewesen sein. Um sie vor einer ungewollten Hochzeit zu schützen, ließen ihr entweder Gott oder Maria einen Bart wachsen, woraufhin der König sie kreuzigen ließ. Ein Wandbild an der Südwand zeigt in Höhe der Orgelempore einen edlen Bürger, kniend vor dem »Volto Santo« in Lucca. Hier ist das spätmittelalterliche Pilgerwesen verbildlicht. Vermutlich war ein Marburger Kaufmann auf Pilgerfahrt in Italien gewesen und stiftete das Bild als Andenken.

Die Kirche erfreut sich wegen ihrer hervorragenden Akustik heute großer Beliebtheit als Konzertort.

Taufbecken

Forsthof

Friedrich Karl von Savigny
1779–1861, Jurist. Nach
dem Besuch des Gymnasiums in Wetzlar schrieb
sich Savigny 1795 zum
Jurastudium in Marburg
ein. 1803–1808 wirkte
er hier als Professor und
versammelte u. a. mit den
Brüdern Grimm, Clemens
und Bettina Brentano
einen Kreis von Romantikern um sich. Nach
kurzer Lehrtätigkeit in
Landshut ging Savigny auf
Empfehlung Wilhelm von
Humboldts 1810 an die
neu gegründete Universität nach Berlin. Savigny,
der als Begründer der
historischen Rechtsschule
gilt, war mit Kunigunde
Brentano verheiratet, der
Schwester von Clemens
und Bettina Brentano.

24 | Ritterstraße

In der Ritterstraße, direkt unterhalb des Schlossbergs, wohnten einst viele adlige Burgmannen. Ihre Namen, Häuser und Höfe sind urkundlich teilweise bis ins 13. und 14. Jahrhundert zurückzuverfolgen. Das Gros der erhaltenen Gebäude stammt aus dem 16. Jahrhundert und ist von kulturhistorischem Interesse.

Der ehemalige Hof der Familie Huhn zu Ellershausen in der Ritterstraße 14 blickt auf eine lange Geschichte und mehrere Besitzer zurück. Das Gebäude wurde über einem alten Wohnturm und einer Querstraße errichtet. Der nordöstliche Teil des Gebäudes stammt aus dem 16. Jahrhundert, der nordwestliche Teil aus dem 17. Jahrhundert. Links oberhalb der Tür befindet sich das Wappen der Burgmannen Huhn zu Ellershausen. Über einem nach rechts geneigten Schild mit einem Huhn ragt ein Helm mit Büffelhörnern und einer Decke empor. Das Rittergeschlecht der Huhn, das im Kloster Haina mit dem latinisierten Namen »pulles« Mitte des 13. Jahrhunderts urkundlich erwähnt wird, verdankt seinen Namen zweifelsfrei der Huhnsmühle im rund 50 Kilometer entfernten Lengelbachtal. Über der Eingangstür befinden sich zwei miteinander verbundene Wappen: ein Halbmond mit zwei Sternen und ein Hundekopf mit langer Zunge. Es handelt sich bei beiden nicht um Familienwappen der Huhn zu Ellershausen, sondern vermutlich um solche der nachfolgenden Besitzer des Hauses. Der Halbmond auf blauem Untergrund ist das Wappen des hessischen Adelsgeschlechts Baumbach. Die Familie gehört seit 1553 bis heute zur Althessischen Ritterschaft. Der Hundekopf dagegen ist das Wappen des althessischen Adelsgeschlechts Vultejus, das aus Wetter bei Marburg stammt. Wieso hier ein Doppelwappen abgebildet ist, kann nur vermutet werden. Denkbar wäre, dass die beiden Adelsfamilien durch Heirat miteinander verbunden waren.

In der Ritterstraße 15 wohnte zu Beginn des 19. Jahrhunderts Friedrich Karl von Savigny, bei dem sich der Marburger Romantikerkreis traf. Im dahinterliegenden Forsthof, Ritterstraße 16, lebte zeitweilig seine Schwägerin Bettina von Arnim.

25 | Kalbstor

Im Zuge der Stadtmauererweiterung im 13. Jahrhundert entstand das mittelalterliche Kalbstor. Seinen Namen erhielt es nach der Ritterfamilie von Weitershausen,

Bettina von Arnim
1785–1859, Schriftstellerin. Als siebentes von zwölf Kindern wurde Bettina Brentano in Frankfurt am Main geboren. Sie wohnte 1805/6 bei ihrer Schwester Kunigunde – genannt Gunda – und ihrem Schwager Savigny in Marburg und folgte ihnen später auch nach Berlin. 1811 heiratete Bettina den Schriftsteller Achim von Arnim, den Freund ihres Bruders Clemens. Politisch und sozial engagiert, unterhielt Bettina von Arnim als eine der bedeutendsten Vertreterinnen der Romantik zahlreiche Kontakte und Briefwechsel, darunter mit Goethe, Beethoven und den Brüdern Grimm.

genannt Kalb. Sie soll einst für die Bewachung des spät-
romanischen Tores zuständig gewesen sein, vermutlich
weil sich ihr Hof unweit des Tores befand.

Wirklich angriffsgefährdet war Marburg bis ins späte
Mittelalter nicht. Die weit ins Land bekannte gute Be-
festigung hatte abschreckende Wirkung, was den Be-
wohnern eine relativ friedliche Zeit bescherte. Die kleine Stadt erstreckte sich, von dicken Mauern umgeben,
halbkreisförmig um das Schloss herum. Sie hatte vier
Stadttore: das Kalbs- und das Barfüßertor im Westen,
das Lahntor im Osten und das Werdertor im Norden. Im
14. Jahrhundert folgte ein fünftes, das Renthöfertor. Das
Kalbstor besaß zu keiner Zeit große Bedeutung. Es wurde um 1618 sogar zugemauert und erst 1875 wieder freigelegt. Zu beiden Seiten des Kalbstores sind noch größere Teile der Stadtmauer erhalten. Neben der Durchfahrt
hat das Mauerwerk turmartige Ausbauten, die vermutlich dem Schutz des Tores dienten.

26 | Kugelkirche St. Johannes

Tägl. geöffnet

Die kleine spätgotische Kirche Sankt Johannes Evange-
list, meist »Kugelkirche« genannt, ist die jüngste der vier
gotischen Kirchen Marburgs. Ihr Name erinnert an die
einstigen Besitzer, die Gemeinschaft der »Brüder vom
gemeinsamen Leben«. Die Brüder trugen einen schlich-
ten Kapuzenumhang mit langem Zipfel, der als »Gugel«
(auch Kogel oder Kugel) bezeichnet wurde. Schnell wur-
den die Brüder daher »Kugelherren« genannt. Sie gehör-
ten einer geistlichen Reformbewegung von Klerikern
und Laienbrüdern an, die im späten Mittelalter dem sitt-
lichen Verfall der Kirche durch Wiederbelebung christli-
cher Ideale entgegen wirken wollte; ihre Aufgabe sah sie
besonders in der Erziehung der Jugend.

Die »Kugelherren« wurden 1477 in Marburg ansäs-
sig, gründeten einen Konvent und errichteten zunächst
eine einfache Kirche. Um 1500 wurde mit dem Bau der
»Kugelkirche« begonnen. Die Fertigstellung des Netz-
gewölbes (1516) und der Sakristei (1520) sind urkundlich
belegt. Im Zuge der Reformation wurde das Kloster 1527

Arnsburger Hof

aufgelöst, und die »Kugelkirche« ging an die neu gegründete Universität. Sie diente der theologischen Fakultät zeitweise als Aula, Ort wissenschaftlicher Streitgespräche und als Hörsaal. Für kurze Zeit wurde sie auch zum Amtsgericht mit Gefängnis umfunktioniert. 1828 erhielt die »Kugelkirche« ihre Wiederzulassung als katholische Pfarrkirche.

Die großen Fenster mit filigranem Maßwerk an der Südseite und im Chor erzeugen einen hellen, lichtdurchfluteten Raum, während die Nordseite der Kirche fensterlos ist. Von der ursprünglichen Innenausstattung sind noch Gewölbemalereien und ein Sakramentshäuschen (um 1520) erhalten. Ein kleiner Flügelaltar unter der Empore an der Nordwand zeigt Szenen aus dem Leben der Heiligen Elisabeth (1900).

27 | Arnsburger Hof

Der sogenannte Arnsburger Hof (Barfüßerstraße 3), einst Sitz des Zisterzienserklosters Arnsburg bei Lich, ist eines der wenigen steinernen Häuser Marburgs aus der Zeit der Gotik. Es entstand in der Mitte des 14. Jahrhunderts. Da Stein als Baumaterial teuer war, konnten sich dies nur wenige leisten. Das bis dahin dreistöckige Sandsteingebäude erhielt Ende des 16. Jahrhunderts ein Fachwerkobergeschoss und eine neue Fassade samt Hausecken mit behauenen Steinquadern im Stil der Renaissance. Fachwerkstockwerk und Giebelfeld sind verschiefert. Einer der Besitzer des Arnsburger Hofes war ab 1528 der Theologieprofessor **Adam Krafft**, der erste Superintendent Marburgs, der das Gebäude als Geschenk Philipps des Großmütigen erhielt.

28 | Universitätsreithalle

Zwischen Barfüßerstraße, Am Plan und der Stadtmauer wurde nach 1235 das alte Franziskanerkloster gegründet. Die Barfüßer-Mönche verließen es im Zuge der Reformation 1528, der gesamte Komplex ging in den Besitz der Universität über. An Stelle der gotischen Barfüßerkirche wurde 1731/32 nach Plänen von **Charles du Ry** die Uni-

Adam Krafft

1493–1558, Theologe. Krafft studierte an der Universität Erfurt und schloss sich dem dortigen Humanistenkreis an. 1519 lernte er Luther und Melanchthon bei der Leipziger Disputation kennen. In der Folge setzte er sich für die Reformation ein und mahnte im Bauernkrieg zur Besonnenheit. 1525 wurde Krafft hessischer Hofprediger, führte in Marburg den evangelischen Gottesdienst ein und wurde Theologieprofessor an der neu gegründeten Universität. 1529 nahm Krafft, der neben Martin Bucer als Reformator Hessens gilt, am Marburger Religionsgespräch teil, 1530 wurde er Superintendent.

versitätsreithalle gebaut. Das massive Gebäude mit dem Mansarddach war bis ins 19. Jahrhundert hinein der einzige größere Universitätsneubau und neben dem gegenüberliegenden Gasthaus »Zum weißen Ross« das einzige bemerkenswerte Barockgebäude der Stadt. Am Portal ist das königliche Wappen mit der Jahreszahl 1731, dem Jahr des Baubeginns, angebracht. Das Jahr der Fertigstellung ist an der linken Giebelseite zu finden.

1924 wurde das erste Institut für Leibesübungen an Preußischen Hochschulen gegründet. Die Universitätsreithalle war das Zentrum dieses Instituts. Hier lernten die Studenten das Reiten und das Fechten. Heute ist in der ehemaligen Reithalle das Sportinstitut der Universität untergebracht.

29 | Fürstenhaus

Die barocke Vierflügelanlage mit Innenhof (Barfüßerstraße 11) stammt aus dem Jahr 1744 und wurde 1776 um einen Anbau erweitert. Das eindrucksvolle quaderförmige Gebäude steht auf einem massiven Sandsteinsockel mit darüber liegenden expressionistischen Fenstergittern. Ursprünglich wurde das Gebäude als Gasthaus

Charles du Ry
1692–1757, Architekt. Der in Kassel geborene Charles du Ry entstammte einer Hugenottenfamilie, die nach dem Edikt von Nantes Frankreich verließ und in Hessen von Landgraf Carl aufgenommen wurde. Du Ry war Spross einer berühmten Architektenfamilie, Enkel des Pariser Hofarchitekten Mathurin du Ry und Verwandter von Salomon de Brosse, dem Begründer des sogenannten Hugenottenstils in Frankreich. Zur Zeit der Landgrafen Carl, Friedrich I. und Wilhelm VIII. war du Ry Hofbaumeister, dessen Gebäude vor allem die Oberneustadt von Kassel prägten.

Fürstenhaus

»Zum weißen Ross« gebaut. Im Napoleonischen Zeitalter beherbergte es 1807–1813 die Präfektur des Departements der Werra, eines Verwaltungssitzes des Rheinbundstaates Königreich Westphalen. Es wird berichtet, dass dessen in Kassel residierender König, Napoleons Bruder Jérôme Bonaparte (1784–1860), hier lieber übernachtet habe als im Marburger Schloss.

Von 1866 bis 1972 befand sich im Fürstenhaus der Sitz der Kreisverwaltung. In die Ostseite ließ Architekt Hubert Lütcke ab 1927 eine Galerie einbauen. Nach einer grundlegenden Sanierung fand hier 1990 das städtische Bauamt neue Räume.

Seit dem Jahr 1993 erinnert eine Gedenktafel an den 23. März 1943, als Sinti und Roma aus Marburg und Umgebung in das Konzentrationslager Auschwitz deportiert wurden.

30 | Wohnhaus der Brüder Grimm

Jacob Grimm
1785–1863, Sprach- und Literaturwissenschaftler. Grimm kam 1802 zum Jurastudium nach Marburg. Nach mehreren Jahren als Bibliothekar von Jérôme Bonaparte und in diplomatischen Diensten wandte er sich der Erforschung von Literatur und Sprache zu. Als Mitverfasser des Protestes der »Göttinger Sieben« des Landes verwiesen, folgte Grimm 1841 einem Ruf der Friedrich-Wilhelms-Universität Berlin. Mit seinem Bruder arbeitete er ab 1838 am »Deutschen Wörterbuch«, wodurch sie als Begründer der deutschen Philologie gelten. Berühmt wurden die beiden durch ihre Sammlung der »Kinder- und Hausmärchen« (1812–1815).

Das dreigeschossige Fachwerkhaus Barfüßerstraße 35 mit dem repräsentativen Eckerker wurde um 1600 gebaut. Es beherbergte 1802/03 eine berühmt gewordene »Wohngemeinschaft«: die Brüder Jacob und Wilhelm Grimm. 1803–1805 wohnten beide in unmittelbarer Nähe in der Wendelgasse 4.

Zum Studium der Rechtswissenschaften reiste zunächst Jacob Grimm am 30. April 1802 nach Marburg. Es ist bekannt, dass er stark unter der Trennung von seiner in Kassel lebenden Familie litt. So war er froh, dass ihm sein Bruder Wilhelm, der sich ebenso in Rechtswissenschaften immatrikulierte, im April 1803 folgte. Zu dieser Zeit gab es insgesamt nur etwa 170 Studenten an der Marburger Universität. Für die Stadt entwickelten die Brüder in dieser Zeit keine große Sympathie. Die Oberstadt hatte schmutzige, unbefestigte und kaum beleuchtete Gassen. Als typisch für Marburg empfanden die Grimms neben engen Gassen mit Fachwerkhäusern die zahlreichen Treppen – so wie in der Wendelgasse, die von der Barfüßergasse abzweigt und über eine Wendeltreppe direkt zum lutherischen Kirchhof führt.

Unter finanziell bescheidenen Verhältnissen studierten die Brüder bei dem berühmten Rechtsgelehrten

Wilhelm Grimm

1786–1859, Sprach- und Literaturwissenschaftler. Leben und Werk des Jüngeren der Brüder Grimm ist eng mit Jacob Grimm verbunden. Auch Wilhelm ging in Kassel zur Schule, studierte in Marburg Jura und begann 1806, deutsche Märchen und Volkslieder zu sammeln. Von 1814 bis 1829 arbeitete Wilhelm Grimm als Bibliothekar in Kassel, ab 1831 in Göttingen. Von dort als Mitunterzeichner der »Göttinger Sieben« ins Exil vertrieben, ging er 1841 gemeinsam mit Jacob nach Berlin, wo beide fast 20 Jahre lang an der Universität lehrten und am »Deutschen Wörterbuch« arbeiteten. Ihre Märchensammlung wurde 2005 in das UNESCO-Weltdokumente-Erbe aufgenommen und ist nach der Luther-Bibel das am häufigsten übersetzte deutsche Buch.

Friedrich Karl von Savigny, mit dem sie eine lebenslange Freundschaft verband. Er war es, der sie mit dem »Marburger Romantikerkreis« und den Gelehrten Clemens und Bettina Brentano, Sophie Mereau und Achim von Arnim bekannt machte. Hier wurzelte auch die Grimmsche Begeisterung für die ältere deutsche Literatur. Auf Anregung von Arnim und Brentano sammelten die Brüder Märchen und Sagen, die sie nach mündlichen Überlieferungen zusammentrugen und überarbeiteten.

Kurz nach dem Zweiten Weltkrieg geriet das Bürgerhaus als Versteck des NS-Verbrechers Klaus Barbie in den Fokus allgemeinen Interesses. 1946/47 tauchte hier der »Schlächter von Lyon« unter dem Namen Klaus Becker unter.

31 | Hochzeitshaus

Das eindrucksvolle »Hochzeitshaus« in der Nikolaistraße 3 wurde 1527–1530 im Auftrag des reichen Marburger Großkaufmanns Hermann zum Schwan (1490–1550) errichtet. Der Patrizier besaß bereits vor den Toren Marburgs einen burgähnlichen Wirtschaftshof, den Schwanhof. Das repräsentative dreigeschossige Wohnhaus hat ein steiles Walmdach mit sechs Dachtürmchen. Durch seinen nahezu quadratischen Grundriss wirkt es fast turmartig. Die geräumigen Keller- und Dachgeschosse deuten auf eine Nutzung als Warenlager hin. Da das typische Marburger Wohnhaus dieser Zeit aus Fachwerk bestand, war der Bau eines Steinhauses auch immer Hinweis auf einen gutbetuchten, meist adligen Bauherrn. In diesem Fall ist zudem das Gebäudeausmaß ein Zeichen von Wohlstand der Familie zum Schwan. Das reich verzierte Barockportal kam 1740 bei einem Umbau hinzu. Heute sind lediglich die Rahmen der Innentüren und der verschieferte Turm mit der Wendeltreppe an der Südseite aus der Entstehungszeit des Gebäudes erhalten.

Der Beiname »Hochzeitshaus« ist irreführend. Das Gebäude hatte niemals eine derartige Funktion; möglicherweise sollte lediglich die besondere Bedeutung des Steinhauses hervorgehoben werden. Größere Hochzeiten fanden früher im Rathaus statt.

32 | Hirschberg

Der an der Alten Universität beginnende Hirschberg, von der Barfüßerstraße über Hofstatt und Untergasse erreichbar, wurde 1395 erstmals als Herbestgasse erwähnt. Die für Marburg typische steile Altstadtgasse wechselte mehrfach ihren Namen – Herbstberg, Hirtzberg, Herßberg – und heißt seit dem 17. Jahrhundert Hirschberg.

An der Stelle des Hauses Nr. 13 stand bis in die 1970er Jahre das älteste im Kern noch erhaltene Fachwerkhaus der Stadt. Untersuchungen lassen den Schluss zu, dass es 1321, zwei Jahre nach dem großen Stadtbrand, erbaut wurde. Es war zugleich eines der ältesten in Deutschland und das früheste Fachwerkbürgerhaus in Hessen. Es besaß im Erdgeschoss gotische Spitzbögen und Balken, die, typisch für ältere Fachwerkhäuser, über mehrere Geschosse reichten. 1477 erfuhr der Ständerbau einen Umbau der obersten Etage zu einem Kniestockgeschoss mit einer neuen Giebelfront.

Im Zuge der Altstadtsanierung wurde das Gebäude 1977/1978 komplett abgetragen. Unter Verwendung noch brauchbarer Hölzer wurde die Fassade von 1477 originalgetreu um einen Betonkern rekonstruiert.

33 | Universitätskirche

Das ursprüngliche
Straßendorf am linken
Lahnufer ist neben der
Oberstadt der älteste
Siedlungsbereich Mar-
burgs (Ersterwähnung
1235). Seit 1250 werden
beide Stadtteile durch
die Weidenhäuser Brücke
verbunden. Heute besteht
das idyllische Alt-Weiden-
hausen vornehmlich aus
Fachwerkhäusern, über
einhundert stehen dicht
gedrängt entlang der
bereits 1411/12 befestigten
Weidenhäuser Straße.
Es gibt viele malerische
Innenhöfe, die jährlich im
September zu einem der
größten Marburger Stadt-
teilfeste, dem Höfefest,
geöffnet werden.

9—19 Uhr

Ab 1291 bauten Dominikanermönche auf dem Lahnfel-
sen ein stadtbildprägendes Kloster und eine gotische
Kirche. Der Dominikanerorden weihte sie nach sieben-
jähriger Bauzeit 1303 Johannes dem Täufer. Zahlreiche
Schenkungen der Bevölkerung ermöglichten die Aus-
stattung der Kirche.

Nach der Reformation 1527 wurde das Dominikaner-
kloster unter Landgraf Philipp I. säkularisiert und der
gesamte Besitz materielles Fundament der neu gegründeten Universität. Die Klosterkirche diente fortan u. a.
für Trauerfeiern für verstorbene Professoren, für Stipendiaten zum Üben von Predigten und der Chorbereich als
Laboratorium des Medizinprofessors Johann Rhode.

Von etwa 1610 bis 1652 wurde die Kirche als Kornspeicher der Stadt zweckentfremdet. Zugemauerte
Speicherfenster zeugen äußerlich sichtbar noch heute
von dieser Zeit. Trotzdem blieb das Gebäude sehr gut
erhalten, bekam eine erste Neuausstattung und wurde
1658 im Auftrag von Landgraf Wilhelm VI. (1629—1663)
erneut als Kirche für die Universität und die reformierte
Gemeinde hergestellt.

Die asymmetrische zweischiffige Hallenkirche besteht aus gleich hohem Seiten- und Mittelschiff. Es gibt
ein Langhaus und zwei Eingangsportale. Sehenswert
sind der Christus-Gewölbeschlussstein aus dem begin-
nenden 14. Jahrhundert, Kanzel und Altar aus der Zeit
des Barocks sowie die expressionistische Innenausstattung mit Jugendstilelementen. 1926 beschloss der
Preußische Staat, den Innenraum der Universitätskirche
für die herannahende Vierhundertjahrfeier der Philipps-
Universität völlig neu zu gestalten, und so erhielt der
Kirchenraum nach einer umfassenden Renovierung sein
heutiges Aussehen. Ein bedeutendes Werk aus dieser
Zeit, ein Wandteppich von Elisabeth Coester, befindet
sich hinter dem Altar der Kreuzkapelle. Sehenswert ist
auch die Orgel mit dem expressionistischen goldenen
Orgelprospekt. Ein ungewöhnlich schlichtes großes
Kreuz akzentuiert den Chorraum.

34 | Alte Universität

Führungen über Tourist-Information (siehe S. 17)

Die Alma Mater Philippina wurde am 1. Juli 1527 von ihrem Namensgeber Landgraf Philipp dem Großmütigen ins Leben gerufen. Die Gründung erfolgte kurz nach der Reformation, womit sie die älteste, heute noch existierende protestantische Universität der Welt ist. Der Studienbeginn startete mit elf Professoren und 84 Studenten in alten Klostereinrichtungen. Das Universitätsprivileg von Kaiser Karl V. stammt aus dem Jahre 1541. Als 1542 die Pest ausbrach, wurde die Universität vorübergehend in das rund 30 Kilometer entfernte Grünberg verlegt.

Dem Übertritt des Landgrafen Moritz (1572–1632) zum Calvinismus 1605 folgte auch die Universität, sodass viele lutherische Professoren an die neu gegründete Universität Gießen wechselten. Von 1625 bis 1649 wurden die benachbarten Universitäten Gießen und Marburg zusammengelegt und anschließend geschlossen; letztere wurde 1653 von Landgraf Wilhelm VI. wieder eröffnet. Mit der Annexion Kurhessens durch Preußen 1866 wurde die Universität königlich preußisch und im Zuge dessen maßgeblich erweitert.

Der Profanbau der Alten Universität wurde 1873 bis 1879 (Westflügel) und 1887–1891 (Trakt mit Aula) im Stil der deutschen Neogotik nach Plänen des Architekten **Carl Schäfer** gebaut. Das Gebäude ist zwar damit nicht so alt, wie es sein Name vermuten lässt, aber es steht zumindest auf den Fundamenten des 1291 gegründeten Dominikanerklosters. Das gewaltige Bauwerk der Alten Universität fügt sich bemerkenswert gut in die umliegenden mittelalterlichen Häuser ein und gilt als positives Beispiel historischer Architektur. Die 1903 eingeweihte Alte Aula beeindruckt mit einer aufwendigen hölzernen Kassettendecke und großformatigen Bildern des Historienmalers Peter Janssen. Sie zeigen bedeutende Szenen der Marburger Universitäts- und Stadtgeschichte. Eine der beiden Eingangstüren ist der ehemalige Professoreneingang zum Professorengestühl in der Nähe des Katheders. Die andere Tür war für die Allgemeinheit bestimmt. Die Alte Aula ist heute ein elementarer und stark frequentier-

Michail W. Lomonossow
1711–1765, russischer Universalgelehrter. Als Sohn eines nordrussischen Fischers lernte Lomonossow zunächst an der Geistlichen Akademie in Moskau, bevor er ab 1736 in Marburg Philosophie, Mathematik, Chemie und Physik studierte und in der Wendelgasse 2 wohnte. Zwischenzeitlich in Freiberg zum Studium von Mineralogie und Hüttenwesen, kehrte Lomonossow 1740 zurück und heiratete in Marburg Elisabeth Christiane Zilch. Ihre beiden Kinder wurden in der Universitätskirche getauft. Ab 1741 wirkte der aufgeklärte Dichter, Naturwissenschaftler und Reformer der russischen Sprache an der Gründung der Universität in Moskau mit, die heute seinen Namen trägt.